AF338894

ÉLOGE FUNÈBRE

DE

NAPOLÉON,

PRONONCÉ SUR SA TOMBE

PAR

LE GRAND MARÉCHAL BERTRAND.

QUATRIÈME ÉDITION.

PARIS,

CHEZ LES MARCHANDS DE NOUVEAUTÉS.

1821.

ÉLOGE FUNÈBRE

DE

NAPOLÉON,

PRONONCÉ SUR SA TOMBE,

LE 9 MAI 1821,

PAR

LE GRAND MARÉCHAL BERTRAND

A PARIS,

CHEZ LES MARCHANDS DE NOUVEAUTES.

ÉLOGE FUNÈBRE

DE

NAPOLÉON.

L'HOMME le plus extraordinaire, le génie le plus prodigieux qui ait jamais apparu sur la scène du monde, n'est plus..... La dépouille mortelle de celui qui vainquit tous les peuples de l'Europe, et qui, pendant quinze années, leur dicta ses lois, repose modestement à la porte d'une cabane.

C'est sur le plus affreux rocher des rives africaines, et bien loin de cette belle France qui lui doit la plus grande partie de sa gloire et de sa prospérité, que Napoléon, le plus grand capitaine des temps anciens et modernes, et naguère le plus puissant monarque du monde, vient de rendre le dernier soupir. La terre brûlante qui couvre ses cendres ne sera jamais arrosée par les larmes de son fils..... Ses amis ne pourront jamais jeter des fleurs sur le tombeau de celui qui les combla de bienfaits ; et nos pleurs (en prenant les mains de Montholon et de Marchand) sont peut-être les seuls que des Français puissent répandre sur son cercueil.

Eh ! quel était donc ce proscrit qui, jeune encore, vient d'expirer dans l'exil le plus barbare ?

C'est le sauveur et le législateur de la France ; c'est le restaurateur des monarchies ébranlées, de la religion désolée et du système social prêt à se dissoudre ; c'est le héros de Lodi, d'Arcole, des Pyramides, de Marengo, d'Austerlitz, de Jéna, de Wagram ; c'est le vainqueur généreux des Autrichiens, des Prussiens, des Russes, et de cent autres peuples qui n'ont jamais cessé de l'estimer et de l'admirer ; c'est, enfin, ce même Napoléon dont tous les souverains de l'Europe briguaient l'amitié et l'alliance.

Suivons-le rapidement dans l'immortelle carrière qu'il a parcourue : nous trouverons partout le soldat intrépide, le général consommé, l'administrateur ferme et éclairé; nous le verrons toujours au-dessus de sa bonne comme de sa mauvaise fortune.

A peine sorti de l'adolescence, Napoléon, simple officier d'artillerie, fait ses premières armes sous les murs de Toulon : il étonne ses chefs par la rectitude de son jugement et par les belles dispositions qu'il donne à ses batteries. Il fallait chasser de cette place importante, que la trahison avait livrée, des ennemis maîtres de la mer. Napoléon contribua puissamment au succès du siège, et fit présager ce qu'il serait un jour.

Bientôt après, placé à la tête de l'armée d'Italie, il débute en battant les Autrichiens à Montenotte, et les met en fuite partout où il les rencontre. C'est en vain qu'ils se retranchent au pont de Lodi : ce jeune héros, s'enveloppant dans le drapeau de la liberté, que les foudres autrichiennes semblèrent respecter, force ce terrible passage à la tête des grenadiers de la république, et, pour la cinquième fois en moins d'un mois, met en déroute les troupes impériales. Dix autres batailles gagnées, en peu de temps par le jeune Napoléon, rendent les Français entièrement maîtres de l'Italie, et cette belle contrée reçoit une nouvelle organisation sous la protection de ses libérateurs.

Le génie étonnant de Napoléon s'est dévoilé dans cette glorieuse campagne ; il est déjà plus qu'un général hardi et heureux : à vingt-six ans il est le premier capitaine du siècle, le régénérateur de l'Italie, et les peuples le révèrent comme un grand homme.

Bientôt après une terre lointaine le reçoit avec ses braves compagnons d'armes. Il doit conquérir l'Egypte, soustraire cette fertile contrée à la domination des Mamluks, ruiner le commerce anglais dans les Indes, et ouvrir une nouvelle route à l'industrie française. Tout était contre lui et l'Asie et l'Europe. Les Turcs et les Anglais s'allient pour faire avorter cette expédition téméraire : néanmoins peu de mois suffisent au génie de Napoléon pour conquérir l'Egypte et la Syrie. Une poignée de soldats français rendent les pyramides et les rives d'Aboukir étonnées, témoins de leur valeur et de celle de leur chef.

Mais pendant que Napoléon et ses immortelles demi-brigades battent les Turs et les Anglais, les Mam-

luks et les Arabes, la France est déchirée intérieure-
ment par les factions. L'Autriche profite de ce mo-
ment favorable pour recommencer la guerre. L'Italie
est de nouveau envahie par les troupes impériales, et
les frontières de la France même sont menacées.
Napoléon apprend les malheurs de sa patrie : il quitte
aussitôt l'Egypte, traverse les flottes anglaises, et
arrive en France où il est reçu comme un libérateur.
Peu de jours lui suffisent pour détrôner l'anarchie, et
fonder un gouvernement plus ferme dont le peuple
le déclare le chef.

Décoré du beau titre de premier consul de la
république française, Napoléon réunit à la hâte quelques divisions de jeunes conscrits, traverse les Alpes
au milieu de la neige et des précipices, et fond avec
la rapidité de l'aigle sur une armée victorieuse et
enivrée de ses succès. Il l'atteint et lui livre bataille
dans les champs de Marengo. C'est à Marengo que le
premier consul, déployant toute la tactique d'un grand
capitaine, sut réparer dix fois les pertes que le nombre
supérieur de ses ennemis faisait éprouver à son armée ;
et c'est en conservant le plus grand sang-froid et la
plus profonde sécurité, qu'il arracha la victoire aux
Autrichiens, et changea leurs succès en une déroute
complète. L'Italie délivrée une seconde fois et la paix

la plus glorieuse pour la France, furent le digne prix
de cette mémorable journée.

N'ayant plus de guerres à soutenir sur le continent,
Napoléon s'occupa sans relâche de l'organisation
intérieure de la France : il rétablit l'ordre dans les
finances, fit disparaître tous les vices qui existaient
dans les administrations, et rédigea ces codes im-
mortels sur lesquels se fonde le bonheur des peuples.
Lá France, reconnaissante de tant de bienfaits, lui
décerna le titre d'Empereur.

C'est alors que les aigles françaises, pressant sans
relâche les léopards britanniques, les auraient réduits
aux abois, si l'or corrupteur des Anglais n'eût dé-
tourné le coup mortel qui les menaçait, en suscitant
dans le nord une nouvelle guerre à la France.

C'est ici que commencent toutes ces glorieuses
campagnes d'Allemagne, de Prusse et de Pologne,
qui ont tant illustré les soldats français. Peu de mois
suffisaient à l'empereur pour anéantir les armées que ses
ennemis avaient réunies avec tant de peine, et envahir
leurs états et leurs capitales. Les champs d'Austerlitz,
de Jéna, d'Eylau, de Friedland, de Ratisbone,
d'Esling, de Wagram, seront à jamais célèbres dans

les fastes de la France. Dans moins de trois années, les armées françaises, toujours conduites par Napoléon, conquirent deux fois l'Autriche, envahirent la la Prusse, et ne s'arrêtèrent qu'aux confins de la Pologne. Jamais la gloire militaire de la France ne fut portée à un plus haut degré ; jamais aucun peuple n'eut autant de confiance en son souverain. Il semblait être l'homme du destin : il avait su enchaîner quinze ans l'inconstante fortune, il avait appris à lui commander. Sous son règne, chaque année était plus féconde en grands et glorieux événemens, que ne l'étaient autrefois les siècles entiers. Il savait toujours renouveler l'admiration, épuisée par une si longue suite de prodiges.

La guerre qui détruit tout semblait donner une nouvelle vie à la France. Le génie de Napoléon n'était pas seulement sur les champs de bataille : de Vienne, de Berlin, de Tilsitt, il ordonnait ces immenses travaux qui seuls auraient fait la gloire d'un autre monarque.

La parfaite tranquillité dont la France jouissait au dedans avait fait fleurir son commerce intérieur ; les rives de la Seine étaient devenues la patrie des sciences et des beaux-arts ; l'agriculture avait doublé ses produits. Partout de nouveaux ports, de nouvelles routes, de nouveaux canaux, rendaient les communications plus faciles et les échanges plus actifs ; l'industrie avait reçu un tel degré de perfection, que dans aucune de ses branches il ne nous restait plus de nation rivale. Les finances étaient dans l'état le plus prospère, car les peuples vaincus nous versaient des subsides. La misère n'écrasait plus le peuple ; tout respirait l'aisance et le contentement ; cent monumens attestaient la gloire de la France et la grandeur du héros qui la gouvernait.

Tel fut l'état de ce vaste empire pendant près de quinze ans. C'est en vain qu'on cherche à nous le représenter comme ayant toujours été plongé dans les malheurs et les troubles : jamais la France ne fut plus grande, plus riche, plus heureuse, que pendant cette mémorable période.

Mais Napoléon, quelque grand qu'il fût, n'était qu'un homme : il ne pouvait être parfait. Il commit des fautes graves, et dès lors la fortune lui devint infidèle. Les élémens se liguèrent avec ses ennemis, et les plaines de la Moscovie servirent de tombeau à la plus belle et à la plus intrépide armée qui eût jamais existé. Napoléon étonné mesura l'étendue dé ses pertes, et, sans s'arrêter à les déplorer, il courut les réparer. Peu de temps lui suffit pour reparaître formidable : les champs de Lutzen et de Bautzen le virent de nouveau vainqueur et plein de confiance. Confiance funeste, qui ne lui permit pas de prévoir que ses alliés pouvaient l'abandonner dans le malheur ! Et comment pouvait-il supposer que des princes à qui il avait donné des royaumes oublieraient ses bienfaits, et deviendraient des ingrats ?

Les funestes journées de Leipsick furent les suites de cet aveugle abandon..... Il ne trouva plus que des ennemis, là où il avait placé des alliés....

Forcé de venir défendre le territoire français avec les débris de son armée, il étonna et fit pâlir vingt fois ses innombrables ennemis. C'est dans cette belle et malheureuse campagne que Napoléon déploya toute sa tactique et son infatigable activité. Chaque jour vainqueur dans un combat, il se préparait la nuit pour combattre le lendemain sur un autre point. Quadruplant ses forces par de savantes manœuvres, il présentait partout ses vieux soldats, et se montrait partout lui-même. Harcelant sans cesse des armées toujours complétées, les ayant défaites à Champ-Aubert, à Montmirail, à Montereau, le ré-

sultat de cette campagne admirable serait devenu funeste aux alliés, si Paris n'avait pas été livré aussitôt.

Les ennemis de Napoléon, maîtres d'une partie de
la France et bivouaquant dans les places de sa ca-
pitale, le craignaient encore. Les Français, qu'ils
apprirent à bien connaître, leur paraissaient trop re-
doutables sous un pareil chef; l'avenir ne leur offrait
pas assez de sécurité : ils exigèrent l'abdication de
l'empereur. Napoléon croyant que le bonheur de la
France demandait ce grand sacrifice de sa part,
signa son abdication et son exil avec moins de ré-
pugnance qu'il n'aurait signé une paix honteuse.

Quelques amis fidèles, quelques vieux grenadiers
le suivirent sur les rochers de l'île d'Elbe. Là, ils admi-
rèrent le calme et la résignation de celui dont le
nom seul était encore d'un poids immense dans la
politique de l'Europe. Napoléon observait cette
même Europe à qui son abdication devait rendre
la tranquillité : il jugea par les opérations du congrès de Vienne, que cette tranquillité était illu-
soire : il vit la France divisée, et ses propres enfans
prêts à lui déchirer le sein; il trembla pour elle : il
crut que son retour empêcherait les malheurs qu'il
prévoyait et sans en calculer les dangers; il aborda

non loin de cette même plage qui l'avait reçu à son
retour de l'Egypte.

Sans doute l'opinion des Français lui était encore
favorable, puisqu'il ne rencontra aucun obstacle dans
l'exécution du projet le plus gigantesque et le plus
téméraire qu'un homme ait jamais conçu. En vingt
jours le proscrit de l'île d'Elbe traversa la France
entière, suivi d'un seul bataillon : et le 20 mars le,
vit remonter sur le trône qu'il avait lui-même relevé.
Jamais, non jamais aucun souverain détrôné ne reprit
les rênes de son gouvernement d'une manière aussi
étonnante.

Mais Napoléon l'avait fait sans en avoir demandé
la permission au congrès de Vienne. Les puissans
monarques et les habiles diplomates assemblés dans
cette ville, qui n'avaient pu prévoir un pareil attentat,
se mirent en colère contre celui qui s'en était rendu
coupable. Ils crièrent tous à l'usurpation, et leurs
innombrables baïonnettes furent nouvellement dirigées
contre Napoléon. Fier de ses nouveaux succès, et se
rappelant ceux qu'il avait obtenus en guidant des
Français, Napoléon crut qu'il forcerait ses ennemis à
rentrer chez eux, et à ne plus se mêler des affaires
intérieures de la France. Il crut pouvoir soutenir

une lutte aussi inégale. Il fit les plus belles dispositions, et en deux mois l'armée française fut triplée.
Impatient de combattre ceux qui rejetaient toute
proposition de paix, il s'ébranle et court attaquer
deux armées réunies, dont une seule était plus forte
que la sienne. Il obtint d'abord de brillans avantages.
Une seule bataille gagnée encore pouvait changer la
face de l'Europe; mais Waterloo vint détruire ses
projets et ses espérances. Napoléon, n'ayant pu
trouver la mort dans cette malheureuse journée, dit
adieu pour jamais à cette France qui lui était si chère,
et termina sa vie politique en se confiant à la généro-
sité de ses ennemis. (Ici sir Hudson Lowe se couvre
les yeux avec son mouchoir.)

Telle a été la courte mais étonnante carrière
parcourue par Napoléon. Quel nom militaire, quel
talent politique, quelle gloire ancienne et moderne
a jamais brillé d'un éclat aussi vif? Transportons-nous
dans l'avenir, regardons ce héros comme la postérité
doit le voir un jour : c'est alors que sa grandeur pa-
raîtra, pour ainsi dire, fabuleuse; c'est alors que l'on
aura de la peine à croire qu'un seul homme ait pu,
dans un aussi court espace de temps, gagner deux
cents batailles, vaincre cent nations, changer la forme
de trente états, réunir l'Italie en un seul royaume,

donner de sages lois à ses peuples, ouvrir cent routes nouvelles et autant de ports, édifier cent monumens admirables..... Heureusement les codes, les routes, les ports et les monumens seront là.

Après avoir légèrement esquissé la vie du guerrier et de l'homme d'état, qu'il me soit permis de faire l'éloge de l'homme privé.

Napoléon, toujours appliqué, travaillant sans relâche, n'en était pas moins d'un commerce doux et agréable. Excellent fils, bon frère, tendre époux, père affectionné, il partagea sa bonne fortune avec tous ses parens. Il n'oublia jamais ceux qu'il regardait comme ses véritables amis, et rarement ceux qui avaient bien servi la France. Il était grand et magnifique dans ses récompenses, et cependant il n'aurait jamais permis que les trésors de l'état fussent dilapidés par les courtisans.

Long-temps habitué à commander à la fortune, son ame sut néanmoins s'habituer au malheur. Traité comme le plus grand criminel et comme le dernier des hommes par ceux à qui il s'était volontairement livré; privé de son épouse et de son fils, se voyant arracher successivement le petit nombre d'amis qu'il lui avait été permis d'emmener à Sainte-Hélène (Ici sir H. Lowe fait semblant de pleurer et se couvre de nouveau la figure), n'ayant plus aucune communication quelconque avec l'Europe et se voyant presque rayé du nombre des vivans, Napoléon eut le courage de supporter tous ses maux : son ame semblait être toujours plus ferme, toujours plus grande. Atteint enfin du mal mortel qui devait le conduire au tombeau, il vit l'approche de la mort avec une résignation et une stoïcité dont lui seul pouvait être capable. La douleur ne lui arracha jamais aucune plainte, aucunsoupir. La France et son fils remplissaient toute son ame, il en parlait à chaque instant; il en parlait encore lorsque la parque cruelle vint trancher le fil d'une aussi belle vie. *Il vécut en héros, il mourut en grand homme !*

Les anciens Romains auraient élevé un panthéon exprès pour y recueillir ses cendres ; et nous, nous sommes forcés de les déposer aux pieds d'une cabane !......

Puissent au moins les larmes et les tendres souvenirs de ses amis le consoler de l'injustice et de la haine de ses ennemis !.......

FIN.

DE L'IMPRIMERIE DE DOUBLET.

www.ingramcontent.com/pod-product-compliance
Lightning Source LLC
Chambersburg PA
CBHW061158050726
47594CB00008B/3470